어린이를 위한
독서록 쓰기

어린이를 위한
독서록 쓰기

기획 | 파인앤굿 편집부
그림 | 유미정
감수 | 김순례

1판 1쇄 인쇄 | 2010년 11월 24일
1판 1쇄 발행 | 2010년 11월 30일

펴낸이 | 이경은
기획·마케팅 | 장성원·주득회·강승희
편집 | 김진숙
디자인 | 오세라

펴낸곳 | 파인앤굿엔터테인먼트㈜
등록번호 | 제313-2004-000102호
등록일자 | 2004년 4월 26일
주소 | 서울특별시 구로구 구로5동 104-8 아이북랜드빌딩 3층
전화 | 02-2107-6391~5
팩스 | 02-852-2032

ISBN 978-89-93577-28-0 (73370)

Copyright (c) 2010 by f&g. All rights reserved.
First edition printed 2010. Printed in Korea

이 책을 무단 복제·전재하는 것은 저작권법에 저촉됩니다.
잘못된 책은 구매하신 서점에서 교환해 드립니다.

어린이를 위한
독서록 쓰기

기획 | 파인앤굿 편집부　감수 | 김순례

f&g 파인앤굿

책의 마법에 빠지는 순간, 꿈이 이루어져요

　아마도 여러분 대부분은 부모님으로부터 "독서를 많이 해야 훌륭한 사람이 된다"는 말을 정말 많이 들었을 거예요. 독서보다 게임이 더 재미있는데, 왜 어른들은 이렇게 책읽기를 강요할까요? 부모님이 여러분 골탕 먹이려고 그러진 않을 테니까 무조건 책읽기가 싫다는 생각부터 버리세요. 그리고 독서가 왜 중요한지, 또 독후활동은 왜 꼭 해야 하는지 곰곰이 생각해 보는 시간을 가져보아요.

　"책 속에 길이 있다"는 말이 그냥 나온 게 아닙니다. 독서는 우리 친구들이 학교생활뿐만 아니라 나중에 커서 사회에 진출하여 성공적인 삶을 이룩해 가는 데 반드시 필요한 요소로 꼽힌답니다. 독서를 해서 얻을 수 있는 건 정말 무궁무진하답니다. 다양한 책을 읽다 보면 여러분의 이해력이 크게 향상되는 것을 느낄 수 있어요. 당연히 공부를 잘할 수 있게 되는 거죠. 또 미래에 갖고 싶은 직업에 대한 정보를 책을 통해 미리 접해 두면 나중에 직업을 선택하는 데 있어서 많은 도움을 얻을 수도 있지요. 갑자기 어려운 일이나 해결하기 힘든 상황이 닥쳤을 때에도 그 문제를 해결해 나가는 지혜를 책을 통해 배워 둘 수 있답니다.

　여러분이 좋아하는 유명한 동화작가 선생님들은 태어날 때부터 글을 잘 쓰게 된 게 아니에요. 상상도 못할 만큼의 많은 책을 읽으면서 글쓰기를 연습하고 또 연습했답니다. 단순히 책을 읽기만 하고 덮어 둔다면 제대로 책을 읽었다고 말할 수 없습니다.

부모님이 "이 책 읽고 꼭 독후감 써"라고 하면 갑자기 책을 읽기가 싫어지죠? 겁먹을 필요 없어요. 책을 다 읽고 나서 '내가 작가라면 이렇게 표현했을 텐데, 내가 주인공이라면 이렇게 해결했을 텐데' 하는 생각을 해 보세요. 그리고 그 생각을 글이나 그림으로 옮겨 보는 거지요. 그게 바로 독후활동이라는 겁니다.

　　성공한 사람들에게는 공통점이 있어요. 모두 독서광이었다는 겁니다. 그들은 단순히 책읽기만 하고 끝낸 것이 아니라 책을 읽고 느낀 점이나 책을 통해서 갖게 된 창의적인 생각을 기록하고 실천했다는 것입니다. 책 속의 수많은 주인공들이 여러분에게 재미있는 이야기를 들려주려고 매일매일 기다리고 있다고 상상해 보세요. 그 주인공과 친구가 되어 보세요. 자투리 시간도 아까울 만큼 책 속에 푹 빠져들어 보세요. 분명 새로운 세상이 여러분을 반겨줄 것입니다.

　　그렇게 한 권 두 권 읽다 보면 어느새 훌쩍 성숙해 있는 자신을 발견하게 되겠지요. 처음엔 독후활동 같은 건 신경 쓰지 마세요. 책의 마법에 걸리는 순간 독후활동도 저절로 재밌어질 테니까요. 음식도 많이 먹으면 체하듯이 독서도 독후활동도 무리하게 하면 금방 싫증나게 돼요. 늘 생활 속에서 책읽기를 습관화하여 즐거운 책읽기, 신나는 독후활동을 통해 자신의 꿈을 이루는 데 한 발짝 성큼 다가가길 바랍니다.

 파인앤굿 이 경 은

 차례

제1장 책 읽고 자유롭게 표현하기

01 책 속의 주인공과 나를 비교해 보기   10
02 남은 뒷이야기를 이어서 쓰기   16
03 글 없는 책에 그림과 어울리는 글 쓰기   22
04 마음에 들지 않는 책 내용 바꾸기   28
05 책 속 등장인물에게 줄 상장 만들기   34
06 인상 깊은 문장 옮겨 적기   40
07 생각그물로 표현하기   46
08 여러 가지 그림으로 표현하기   52
09 만화로 표현하기   58
10 주인공과 인터뷰하기   64
11 독서퀴즈 만들기   70

제2장 독서감상문 쓰기의 기본 원칙

01 독서감상문을 잘 쓰려면   78
02 독서감상문의 제목 정하기   80
03 처음 부분은 어떻게 시작할까요?   82
04 가운데 부분은 어떻게 쓸까요?   84
05 끝부분은 어떻게 마무리해야 할까요?   86

제3장 다양한 형식의 독서감상문 쓰기

01 편지 형식의 독서감상문   90
02 일기 형식의 독서감상문   94
03 생활문 형식의 독서감상문   98
04 설명문 형식의 독서감상문   102
05 주장글 형식의 독서감상문   106
06 시 형식의 독서감상문   110
07 관찰기록문 형식의 독서감상문   114
08 기행문이나 견학기록문 형식의 독서감상문   118

★ 독서이력철 만들기   122

제1장
책 읽고 자유롭게 표현하기

독서감상문을 처음부터 잘 쓸 수는 없습니다.
글을 잘 쓰려면 다양한 독후활동을 해 봐야 합니다.
어떤 형식으로건 흔적을 남겨 둔다면 그것을 바탕으로
형식에 맞추어진 글을 쓸 수 있으니까요.
즐겁게 다양한 활동들을 하다 보면 글 쓰는 것이
참 쉽다는 생각이 들 거예요. 독후활동을 하면 여러분의
사고는 쑥쑥 자라고 글쓰기 실력도 껑충 자랄 테니까요.

01 책 속의 주인공과 나를 비교해 보기

그림책이나 동화책이나 어느 책이든 주인공이 있어요. 책 속의 주인공과 나를 비교해 보는 건 어떨까요?

'주인공은 이런 점이 있는데 나는 이런 점이 있구나.'

여러분 스스로 생각할 시간을 갖고 주인공의 좋은 점은 따라 하려고 노력해 보고 나쁜 점은 개선하려고 노력해 봐요. 어떤 점은 주인공보다 여러분 자신의 모습이 좋을 수도 있지요. 여러분 스스로 그런 점을 발견하면 어깨가 으쓱해질 거예요.

이 방법은 주인공이 있는 책이라면 다 좋아요. 다음 책들을 읽고 공통점과 다른 점을 찾아보세요. 그리고 그것을 이어 쓰면 독서감상문이 됩니다. 책을 읽을 때마다 이렇게 할 필요는 없어요. 모든 책을 이렇게 비교한다는 건 힘든 일이니까요. 공부든, 독서든, 노는 일이든 즐겁고 신나게 하는 게 좋아요.

 활동하기 좋은 책

《용감한 아이린》

아이린은 제목처럼 용감한 아이입니다. 양재사인 엄마가 옷 만들기를 간신히 마치고 몸져눕습니다. 그 옷은 공작부인이 그날 밤 무도회에서 입을 옷이랍니다. 아이린은 엄마를 대신해 옷 배달에 나섭니다. 눈송이가 휘몰아치고 눈은 점점 쌓여 발은 푹푹 빠지지만 아주 중요한 심부름이라 포기할 수 없습니다. 바람은 심술궂게 공작부인의 옷을 휙 낚아채 버리네요. 그런 중에도 아이린은 자신의 임무를 무사히 마쳤답니다.

🍃 아이린은 어떻게 자신의 임무를 무사히 마쳤을까요? 아이린과 나의 공통점과 차이점을 비교해 보세요.

《짜장 짬뽕 탕수육》

종민이는 참 씩씩합니다. 전학 간 첫날, 짓궂은 친구들의 놀림을 누구의 도움도 받지 않고 혼자 해결해 내거든요. 종민이가 지혜로운 친구였기 때문에 가능한 일이었답니다. 종민이의 기발한 문제해결 방법이 궁금하지 않나요?

🍃 여러분도 문제를 해결해 내는 종민이의 기발한 생각과 비슷한 생각을 했나요? 그렇다면 공통점 하나 추가예요. 종민이와 다른 생각을 했다면 차이점을 써 보세요.

책 속의 주인공과 나를 비교해 보기

도서명		지은이	
출판사		읽은 날짜	

1. 책 속의 주인공을 떠올리며 생각나는 것을 써 보세요.

2. 나의 모습을 떠올리며 생각나는 것을 써 보세요.

3. 주인공과 나의 같은 점과 다른 점을 써 보세요.

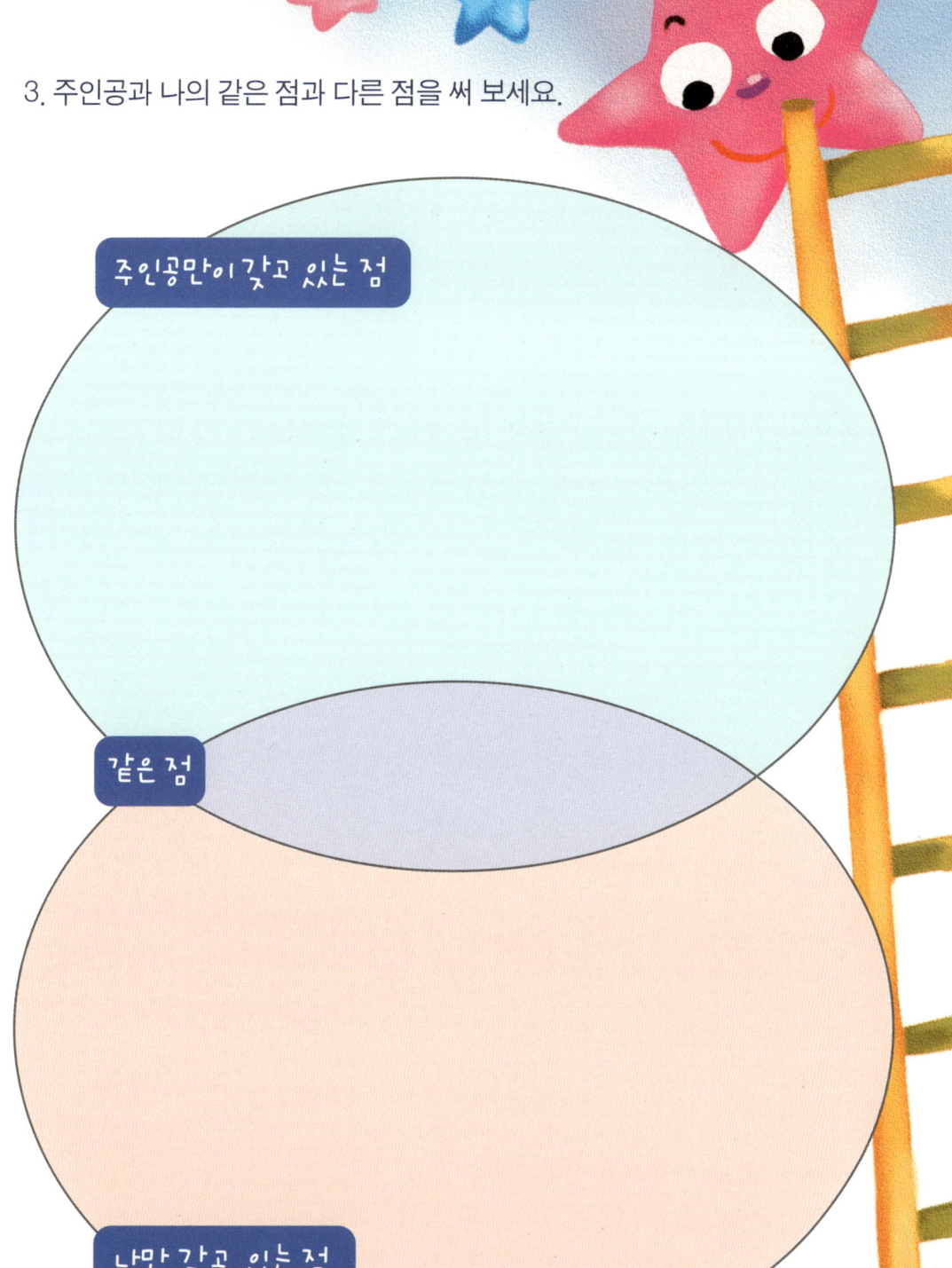

주인공만이 갖고 있는 점

같은 점

나만 갖고 있는 점

책 속의 주인공과 나를 비교해 보기

도서명		지은이	
출판사		읽은 날짜	

1. 책 속의 주인공을 떠올리며 생각나는 것을 써 보세요.

2. 나의 모습을 떠올리며 생각나는 것을 써 보세요.

3. 주인공과 나의 같은 점과 다른 점을 써 보세요.

주인공만이 갖고 있는 점

같은 점

나만 갖고 있는 점

02 남은 뒷이야기를 이어서 쓰기

동화를 읽다 보면 그 뒷이야기가 몹시 궁금한 채 끝나는 경우가 많아요. 끝나고 나서도 책 속의 등장인물들이 어떤 이야기를 만들어 가며 살고 있을 듯한 생각이 들 때가 있어요. 그래서 2편도 나오고 3편도 나오곤 합니다. 궁금한 뒷이야기를 여러분이 직접 써 보세요. 아주 재미있을 거예요.

활동하기 좋은 책

《요술 항아리》

옛날에 어떤 농부가 밭을 갈다가 항아리를 하나 발견합니다. 물건을 넣어 두면 좋겠다고 생각해 집으로 가져와 그날 밭에서 썼던 괭이를 넣어 놓았죠. 다음 날 꺼내려고 보니 그 안에 괭이가 또 들어 있는 거예요. 꺼내면 또 나오고 꺼내면 또 나오고. 쌀을 넣어 보면 쌀이, 돈을 넣어 보면 돈이 계속 나왔대요.

소문이 퍼져 원래 땅 임자가 나타나 자기는 땅을 팔았어도 항아리는 팔지 않았다는 억지소리를 해서 결국 원님한테 재판을 해 달라고 했는데 원님도 욕심이 나서 그 항아리를 나라에 바치라고 합니다. 원님 아버지가 그 안에 뭐가 들었나 하고 보다가 그만 항아리에 빠지고 말았네요. 어찌 되었을까요? 마루는 원님의 아버지로 가득가득 차게 되고 서로 자기가 진짜라고 우기다가 항아리만 깨지고 말았네요.

🍃 그 후 할아버지와 원님은 어찌 되었을까요? 그 뒷이야기를 이어서 써 보세요.

《재주꾼 오 형제》

단지손이, 오줌손이, 배손이, 무쇠손이, 콧김손이는 길에서 만나 의형제가 되어 세상구경을 떠납니다. 할머니밖에 안 계신 오두막에서 묵게 되었는데, 날이 컴컴해지자 호랑이 형제가 나타나지요. 호랑이 형제는 오 형제에게 재주 겨루기를 하자고 합니다.

다음 날 경주가 시작됩니다. 첫 번째는 나무 베기, 당연히 재주꾼 오 형제가 이기죠. 이번에는 베어낸 나무를 높이 쌓자고 하네요. 재주꾼 오 형제의 나무단은 하늘을 향해 점점 높아집니다. 이에 호랑이들은 밑에서 불을 놓아 버립니다. 하지만 재주꾼 오 형제, 걱정할 것 없죠. 오줌손이가 오줌을 쏴아~ 누었거든요. 불이 꺼졌을 뿐만 아니라 점점 차올라 호랑이들이 오줌 바다에 빠져 죽을 지경이죠. 이때 배손이가 배를 내어 오 형제는 그 배를 타고 유유히 떠났답니다.

🍃 새로운 세계로 떠난 오 형제에게 어떤 일들이 벌어질까요?

남은 뒷이야기를 이어서 쓰기

도서명		지은이	
출판사		읽은 날짜	

1. 책에 등장하는 인물들의 성격을 써 보세요.

2. 책을 읽고 어떤 일들이 일어났는지 써 보세요.

3. 책의 내용 다음에 이어질 뒷이야기를 상상해서 써 보세요.

🌿 남은 뒷이야기를 이어서 쓰기

도서명		지은이	
출판사		읽은 날짜	

1. 책에 등장하는 인물들의 성격을 써 보세요.

2. 책을 읽고 어떤 일들이 일어났는지 써 보세요.

3. 책의 내용 다음에 이어질 뒷이야기를 상상해서 써 보세요.

03 글 없는 책에 그림과 어울리는 글 쓰기

책을 읽으려고 딱 펼쳤는데 아, 글쎄! 글이 없지 뭐예요. 뭘 보라는 거지? 이럴 때는 실망할 것 없습니다. 왜냐고요? 이런 책들은 읽는 사람 마음이거든요. 내 마음대로 책 읽기, 여러분 마음대로 충분한 시간을 갖고 이야기를 만들어 보세요.

활동하기 좋은 책

《왜?》

평화롭고 아름다운 들판에 개구리 한 마리가 꽃 한 송이를 들고 향기를 맡고 있네요. 그때 땅이 파이면서 뾰족한 물건이 땅을 뚫지요. 그 속에서 쥐가 우산을 들고 밖으로 나옵니다. 그림은 점점 변합니다. 맨 뒷장에는 폐허가 되어 버린 들판에 우산은 찢어지고 꽃은 시들어 버린 채 뒹굴고 있습니다.

🍃 왜 이렇게 되었을까요? 저마다의 상상력을 발휘해서 그림에 어울리는 글을 지어 보세요.

《빨간 풍선의 모험》

이 책에는 글이 하나도 없네요. 빨간 풍선이 사과가 되었다가, 나비가 되었다가, 나중엔 우산이 되기도 하네요.

🍃 책을 한 장 한 장 유심히 들여다보면 책이 말을 걸 거예요. 그럴 때 얼른 이야기를 받아 적어 보세요.

《나무》

나무의 한해살이에 대한 책입니다. 겨울, 봄, 여름, 가을, 다시 겨울. 나무는 일 년을 어떻게 지낼까요? 찾아오는 친구들은 누가 있을까요? 나무 밑의 땅에는 어떤 변화들이 일어날까요?

🍃 나무에 대해 궁금한 점들을 글로 표현해 보세요. 궁금한 점들이 모이면 한 편의 멋있는 글이 될 겁니다.

글 없는 책에 이야기 만들기

도서명		지은이	
출판사		읽은 날짜	

1. 글 없는 책에 등장하는 주인공들의 이름을 지어 보세요.

2. 전체 이야기의 흐름을 써 보세요.

3. 그림을 보고 이야기를 상상하며 그림에 어울리는 글을 써 보세요.

글 없는 책에 이야기 만들기

도서명		지은이	
출판사		읽은 날짜	

1. 글 없는 책에 등장하는 주인공들의 이름을 지어 보세요.

2. 전체 이야기의 흐름을 써 보세요.

3. 그림을 보고 이야기를 상상하며 그림에 어울리는 글을 써 보세요.

04 마음에 들지 않는 책 내용 바꾸기

책을 읽다 보면 마음에 들지 않거나 바꿔 보고 싶은 부분이 나타날 겁니다. 그럴 때는 이야기를 그 부분부터 바꿔서 다시 써 보는 겁니다. 전혀 다른 이야기가 나올 수도 있으므로 매우 재미있을 거예요.

이야기를 바꾸면 《콩쥐팥쥐》에 나오는 새엄마와 팥쥐가 못된 사람이 아닐 수도 있어요. 아니면 새엄마는 못된 사람이라도 팥쥐는 착한 사람일 수도 있겠군요. 내 마음대로 이야기를 바꾸어 쓰면 되니까 어렵지 않겠죠? 이야기의 일부분만 바꿀 수도 있지만 아예 이야기 자체를 바꿔 버릴 수도 있어요. 집의 뼈대만 남겨 놓고 전부 바꾸는 리모델링처럼 기본 구조를 남겨 두고 모두 바꿔 보세요.

 활동하기 좋은 책

《신통방통 도깨비》

형은 성질이 못됐고 게으릅니다. 동냥을 하지도 않고 동생이 얻어 오면 타박을 하고 못되게 굽니다. 동생은 착해서 형의 타박에도 형 생각만 합니다. 그러던 어느 날 동생이 금덩이를 주어 가져갔는데, 형은 그것을 혼자 차지하려고 동생 눈을 멀게 하고 혼자 달아납니다. 동생은 형을 찾아 헤매다가 도깨비를 만나 눈도 뜨고 복을 받아 잘살았다는 이야기입니다.

🌿 이 이야기를 읽고 맏이들은 불만이 많을지도 모르겠군요. "왜 만날 맏이만 나쁘게 나오느냐고!" 화 낼 것 없어요. 직접 바꿔 놓으면 되니까요. 착한 형과 마음씨 나쁜 동생의 이야기, 어떤 이야기가 될지 직접 만들어 보세요.

《토끼의 재판》

이 옛날이야기는 다 알죠? 호랑이가 함정에 빠져 죽어 가는데 나무꾼이 지나가다 호랑이를 구해 줍니다. 밖으로 나온 호랑이는 약속도 잊은 채 나무꾼을 잡아먹겠다고 하네요. 이럴 수가요. 게다가 물어보는 동물들도 사람이 나쁘다고 잡아먹어도 된다고 하네요. 꾀 많은 토끼 덕에 살아날 수 있었지만 호랑이의 이미지가 이만저만 나빠진 게 아니에요. 이래서야 동물의 왕 소리 듣기 민망할 거 같아요.

🌿 동물의 왕인 호랑이의 체면이 말이 아닙니다. 이야기 내용을 어떻게 바꾸면 호랑이의 체면이 설까요? 호랑이가 이 이야기를 한다면 뭐라고 했을까요? 상상력을 발휘하여 책 내용을 바꿔 보세요.

마음에 들지 않는 책 내용 바꾸기

도서명		지은이	
출판사		읽은 날짜	

1. 책의 내용을 생각하며 써 보세요.

   • 어떤 등장인물이 나오나요?

   • 바꾸고 싶은 등장인물은 누구인가요?

   • 어떤 일이 벌어졌나요?

   • 바꾸고 싶은 사건은 무엇인가요?

2. 마음에 들지 않는 인물의 성격이나 특징 또는 주요 사건의 결과 등을 바꾸어서 이야기를 만들어 보세요.

마음에 들지 않는 책 내용 바꾸기

도서명		지은이	
출판사		읽은 날짜	

1. 책의 내용을 생각하며 써 보세요.

- 어떤 등장인물이 나오나요?

- 바꾸고 싶은 등장인물은 누구인가요?

- 어떤 일이 벌어졌나요?

- 바꾸고 싶은 사건은 무엇인가요?

2. 마음에 들지 않는 인물의 성격이나 특징 또는 주요 사건의 결과 등을 바꾸어서 이야기를 만들어 보세요.

05 책 속 등장인물에게 줄 상장 만들기

상을 받는다는 것은 언제나 신나는 일입니다. 상을 받는 것만큼 누군가에게 상을 주는 일 또한 신나는 일이지요. 책을 읽고 책 속 인물에게 어울리는 상을 만들어 볼까요?

용감상(《용감한 아이린》의 아이린), 친구를 잘 사귀는 상(《우리 친구하자》의 영이), 심부름을 잘 하는 상(《이슬이의 첫 심부름》의 이슬이), 배려를 잘 하는 상(《내 사랑 뿌뿌》의 엄마 아빠) 등등.

꼭 주인공이 아니어도 괜찮아요. 책 속에는 많은 인물들이 나오는데 그 인물들의 장점을 찾아내서 상장을 만들어 주는 겁니다.

 활동하기 좋은 책

《세 친구》

닭과 쥐와 돼지는 모두 친구 사이입니다. 닭이 아침 일찍 농장 동물들을 깨우자, 쥐와 돼지도 함께 깨워 주지요. 일이 있을 때 도와주는 친구가 진짜 친구니까요. 그리고 그들은 자전거 한 대를 함께 타고 놀러 갑니다. 그리고 무엇을 할지 함께 결정합니다. 무엇이든지 함께 결정하는 것이 진짜 친구니까요. 그들은 나무열매도 따먹고 술래잡기도 하고 지치도록 놀고 오후가 되어서야 농장으로 돌아옵니다.

이제는 헤어질 시간이지만 헤어지고 싶지 않아요. 그래서 함께 자기로 하죠. 하지만 여의치가 않네요. 결국 그들은 꿈속에서 만나기로 하고 각자의 집으로 간답니다. 꿈속에서도 만나는 친구가 진짜 친구니까요.

🍃 이들에게 줄 상장을 직접 만들어 볼까요? 함께 공동으로 수상을 하도록 해도 되겠지요. 상도 함께 받는 친구가 진짜 친구니까요.

《우리 선생님이 최고야!》

슬링어 선생님은 릴리가 생떼를 써도 화를 내지 않죠. 릴리는 집에서 선글라스, 동전, 손가방 등을 가져와 수업 시간을 방해하는 바람에 그만 선생님에게 그 물건들을 빼앗깁니다. 릴리는 종일 심술이 나 선생님을 미워하고 나쁜 도둑 선생님으로 만들어 놓죠. 선생님은 집으로 돌아가는 릴리에게 릴리의 물건을 고스란히 돌려주고 "오늘은 힘들어도 내일은 훨씬 좋아질 거다" 하는 편지와 함께 과자까지 챙겨 주셨어요. 선생님의 진짜 마음을 알게 된 릴리는 다시 신나게 학교를 다니며 슬링어 선생님처럼 좋은 선생님이 되기를 꿈꾼답니다.

🍃 이렇게 정 많고 자상하신 선생님께는 무슨 상이 좋을까요?

책 속 등장인물에게 줄 상장 만들기

도서명		지은이	
출판사		읽은 날짜	

1. 책 속 주인공을 소개해 보세요.

2. 책 속 주인공을 칭찬한다면, 어떤 점을 칭찬하고 싶은지 써 보세요.

3. 칭찬을 해 주고 싶은 주인공에게 주고 싶은 상 이름을 써 보세요.

4. 책 속 주인공에게 줄 멋진 상장을 만들어 보세요.

제 7517 호

_____ 상

위

상을 줍니다.

년   월   일

늘 지켜보았던 독자 ○○○

책 속 등장인물에게 줄 상장 만들기

도서명		지은이	
출판사		읽은 날짜	

1. 책 속 주인공을 소개해 보세요.

2. 책 속 주인공을 칭찬한다면, 어떤 점을 칭찬하고 싶은지 써 보세요.

3. 칭찬을 해 주고 싶은 주인공에게 주고 싶은 상 이름을 써 보세요.

4. 책 속 주인공에게 줄 멋진 상장을 만들어 보세요.

제 7517 호

_____ 상

위

상을 줍니다.

년   월   일

늘 지켜보았던 독자 ○○○

06 인상 깊은 문장 옮겨 적기

책을 읽다 보면 아주 인상 깊은 문장들을 만날 수 있습니다. 우리의 기억력은 한계가 있기 때문에 잘 기억나지 않을 때가 많아요. '어쩜 이런 표현을 했을까!' 감탄만 하지 말고 그때그때 옮겨 적어 놓습니다. 그리고 친구들이랑 대화할 때나 독서록을 쓸 때 활용해 보세요. 그게 쌓이고 쌓이면 친구들 앞에서 놀라운 표현력이나 어휘력을 발휘할 수 있답니다. 또 그것을 중심으로 감상을 펼쳐 적을 수도 있습니다.

 **활동하기 좋은 책**

《너는 특별하단다》

목수 아저씨인 엘리는 웸믹이라는 작은 '나무 사람들'을 만듭니다. 한 마을에 모여 사는 웸믹들은 금빛 별표와 잿빛 점표가 든 상자를 들고 다니며, 서로에게 별표나 점표를 붙입니다. 별표는 자랑거리였지만 점표는 창피하고 부끄러운 것이었어요. 펀치넬로는 칠도 벗겨져 있고, 재주도 잘 넘지 못해 친구들에게 점표를 많이 받았죠. 그런데 친구인 루시아는 아무 딱지도 붙어 있지 않아요. 펀치넬로는 그 비밀을 알고 싶어 묻습니다. 루시아는 엘리 아저씨를 만나러 간다고 했어요. 신앙생활을 하는 친구들이라면 엘리 아저씨를 창조주라고 생각할 수도 있지요. 어딘가에 자신을 비추며 되돌아볼 수 있다면 남들의 딱지가 뭐 그리 대수겠어요. 내가 인정하지 않으면 그 딱지들은 나한테 아무런 의미가 없다는 이야기지요.

🍃 이 책에는 좋은 문장들이 많이 나옵니다. 책을 읽은 후 인상 깊은 내용들을 옮겨 적어 보세요.

《새들은 시험 안봐서 좋겠구나》

이 책은 어린이들이 직접 자신들의 마음을 시로 표현한 것을 엮어 놓은 어린이 시집입니다. 학교에서 친구들과 어울려 놀면서 있었던 일을 소재로 자신의 느낌을 담아냈기 때문에 이 책을 읽으면 쉽게 동화될 수 있답니다.

🍃 '아이들은 모두 시인이다' 라는 말이 있어요. 다양한 시를 읽으며 자신의 마음과 똑같은 마음이 나타난 시를 통째로 옮겨 적어 보세요.

인상 깊은 문장 옮겨 적기

도서명		지은이	
출판사		읽은 날짜	

1. 책을 보면서 모르는 낱말을 쓰고 그 뜻을 찾아서 써 보세요.

2. 책을 보면서 인상 깊은 문장을 옮겨 적어 보세요.

3. 인상 깊은 문장을 연결하여 내용을 정리해 보세요.

인상 깊은 문장 옮겨 적기

도서명		지은이	
출판사		읽은 날짜	

1. 책을 보면서 모르는 낱말을 쓰고 그 뜻을 찾아서 써 보세요.

2. 책을 보면서 인상 깊은 문장을 옮겨 적어 보세요.

3. 인상 깊은 문장을 연결하여 내용을 정리해 보세요.

07 생각그물로 표현하기

생각그물이란 생각나는 단어들을 그물처럼 연결망을 가지고 연결해 보는 겁니다. 그물은 촘촘할수록 많은 물고기를 낚을 수 있어요. 생각도 마찬가지예요. 촘촘히 서로 연결고리를 만들어 놓으면 글을 쓰기가 훨씬 수월합니다. 그만큼 단단히 자신의 생각을 묶어 놓는다고 생각할 수 있겠지요.

책 제목을 가운데 그려 놓고 그것을 중심으로 다양한 가지로 펼쳐낼 수도 있어요. 주요 사건이나 등장인물, 공간적 배경, 시간적 배경 등을 주가지로 잡고 펼쳐 보세요.

또는 책을 읽고 생각나는 단어를 적어 봅니다. 그 낱말을 중심으로 어휘를 펼쳐 나갈 수 있어요. 어휘를 펼치는 것은 비교적 쉽답니다. 어떤 연관성보다는 자유연상에 의해 떠오르는 대로 펼쳐 나가면 되니까요.

 활동하기 좋은 책

《살아 있는 땅》

이 책에는 땅속에 사는 여러 생물들도 나오고 땅의 구조도 나옵니다. 또 땅이 죽는 이유와 땅을 살릴 수 있는 방법도 알 수 있어요. 땅이 우리에게 주는 것도 나옵니다.

🍃 이것을 생각지도로 만들 때 가운데에 책 제목을 쓰고 주가지를 몇 개 잡아 봅니다. 땅을 살리는 방법, 땅이 죽는 이유, 지각 구조, 땅에 사는 생물, 땅이 주는 것과 느낀 점을 쓰고 내용을 써 보세요.

《도서관》

엘리자베스 브라운은 무척이나 책을 좋아합니다. 집 안 가득 책이 넘쳐나자 결국 자기의 집과 책을 시에 기증하여 도서관으로 만들어 버립니다. 할머니가 된 엘리자베스 브라운은 친구네 집에서 살면서도 날마다 '엘리자베스 브라운 도서관'을 찾아가 책을 읽네요.

🍃 이 책을 읽고 낱말을 중심으로 생각그물을 펼치는 연습을 해 볼까요? 도서관 하면 아마도 공부라는 낱말이 가장 먼저 떠오를 것 같군요. 그럼 도서관 다음에 '공부'를 쓰면 됩니다. 이렇게 앞의 낱말에서 연상되는 낱말들을 생각나는 대로 써 보세요.

생각그물로 표현하기

도서명		지은이	
출판사		읽은 날짜	

1. 책 제목을 중심으로 생각그물을 펼쳐 보세요.

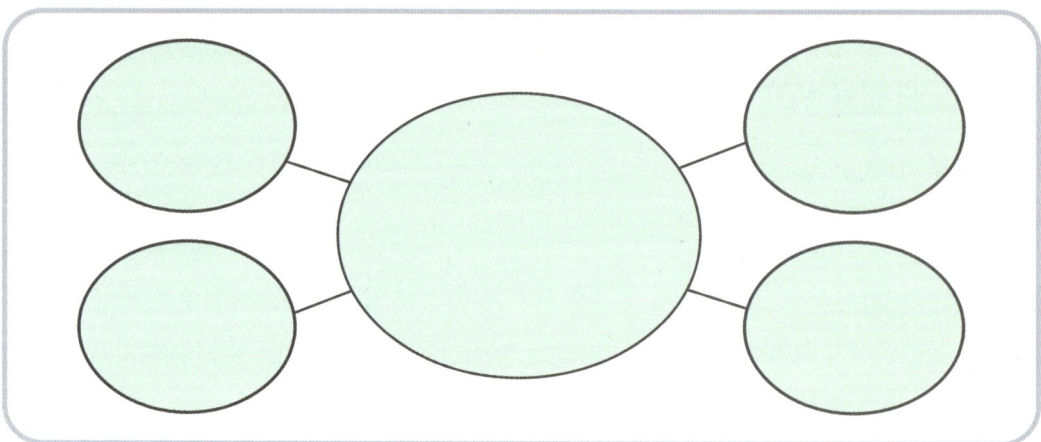

2. 책을 읽고 생각나는 낱말에서 연상되는 낱말들을 생각나는 대로 써 보세요.

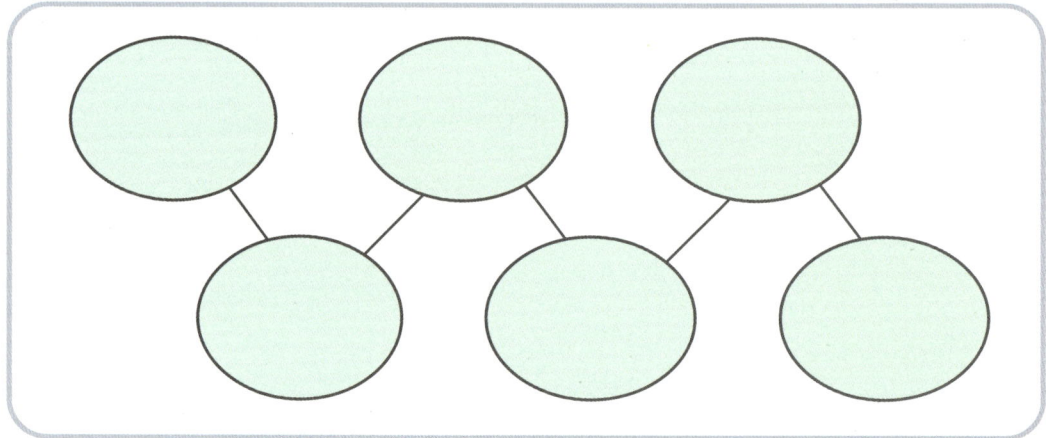

3. 앞에서 정리한 생각그물 1번 또는 2번을 활용하여 책 내용을 정리하고 자신의 생각을 써 보세요.

생각그물로 표현하기

도서명		지은이	
출판사		읽은 날짜	

1. 책 제목을 중심으로 생각그물을 펼쳐 보세요.

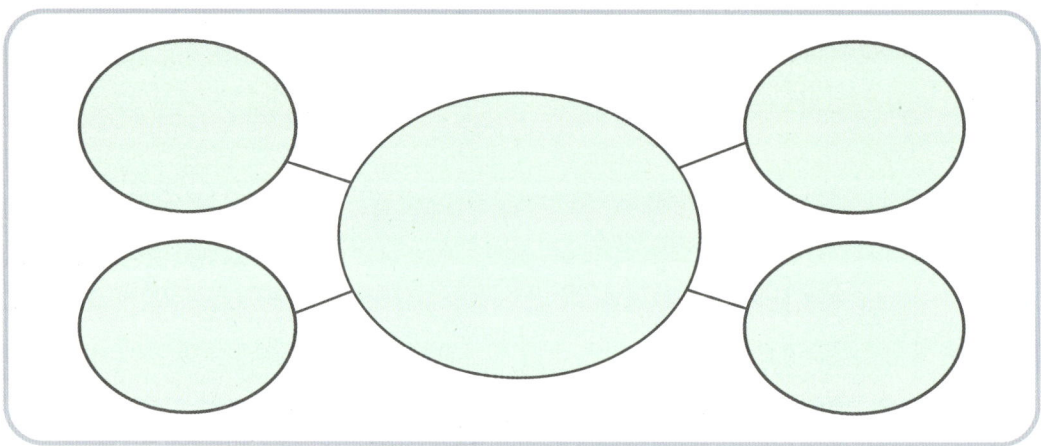

2. 책을 읽고 생각나는 낱말에서 연상되는 낱말들을 생각나는 대로 써 보세요.

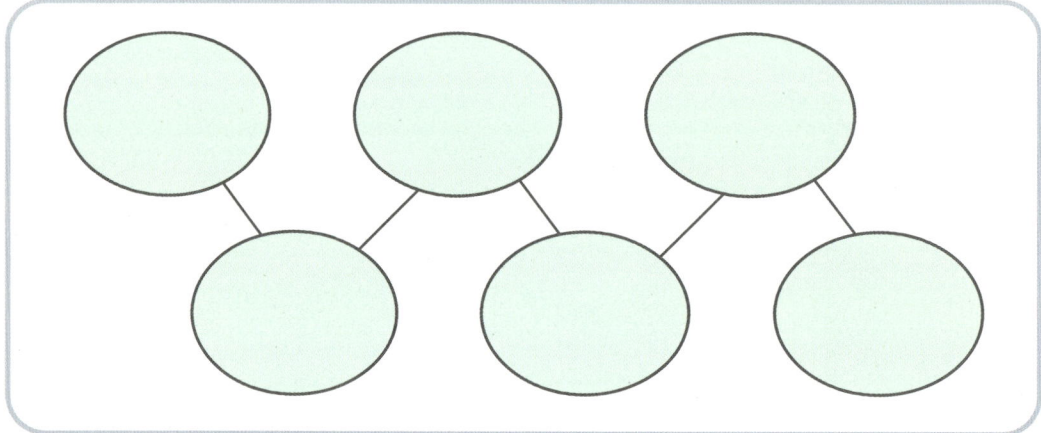

3. 앞에서 정리한 생각그물 1번 또는 2번을 활용하여 책 내용을 정리하고 자신의 생각을 써 보세요.

08 여러 가지 그림으로 표현하기

책을 읽고 나서 그림으로 표현할 수도 있어요. 책은 많은 작가들이 글을 쓰고, 글을 읽은 일러스트 작가들이 내용에 맞는 그림을 그려 탄생합니다. 물론 그림과 글을 같이 작업하는 사람도 있지만 다 그런 건 아니랍니다. 그림은 책을 더 빛나게 해 주고 책 내용을 이해하기 쉽게 해 주고 더 강한 느낌으로 남도록 도와줍니다.

읽고 싶은 책을 읽은 다음 책 내용을 그림으로 나타낸다면 어떻게 나타낼지 생각해 보세요. 그리고 직접 그림으로 그려 봅니다. 그림을 그릴 때는 책 속에 나오는 그림보다는 책을 읽고 떠오르는 이미지대로 그려 보는 게 더 좋아요. 책 속에 나오는 그림은 그림을 그린 작가의 생각이니까요.

 활동하기 좋은 책

《당나귀 실베스터와 요술 조약돌》

실베스터가 요술 조약돌을 주워서 집에 돌아오다가 사자를 만나는 바람에 깜짝 놀라 바위가 되어 버립니다. 그렇게 1년이 지나죠. 실베스터가 사라져 버려 실베스터의 부모님은 얼마나 놀라고 슬펐겠어요. 실베스터 부모님이 1년 뒤에 슬픔을 달래기 위해 나들이를 했는데 그 장소가 바로 바위로 변한 실베스터가 있는 곳 아니었겠어요. 실베스터의 부모님은 예쁘고 빨간 조약돌을 발견하고 바위 위에 올려놓습니다. 그 순간 실베스터는 정말 간절히 원합니다. 당나귀가 되고 싶다고! 이 책의 표지는 엄마 당나귀가 이웃에게 실베스터의 행방을 묻는 장면입니다.

🍃 여러분이 이 책을 직접 만든다면 어떤 장면을 책표지로 하고 싶은지 골라서 그림으로 표현해 보세요.

《박타령》

박타령은 아주 오래된 우리나라의 옛날이야기입니다. 마음씨 착한 흥부와 마음씨 고약한 놀부의 이야기를 모르는 사람은 없겠지요?

🍃 이 책을 읽고 가장 감동 받은 부분을 그림으로 나타낸다면 어떤 그림을 그리고 싶은가요? 그림을 그려서 독서감상화를 완성해 보세요.

여러 가지 그림으로 표현하기

도서명		지은이	
출판사		읽은 날짜	

1. 책을 읽고 책 표지에 들어갈 문구를 써 보세요.

2. 앞에서 작성한 표지 문구를 활용하여 나만의 책 표지를 그려 보세요.

3. 책을 읽고 기억에 남는 장면을 활용하여 자신의 느낌이나 생각을 그림으로 표현해 보세요.

여러 가지 그림으로 표현하기

도서명		지은이	
출판사		읽은 날짜	

1. 책을 읽고 책 표지에 들어갈 문구를 써 보세요.

2. 앞에서 작성한 표지 문구를 활용하여 나만의 책 표지를 그려 보세요.

3. 책을 읽고 기억에 남는 장면을 활용하여 자신의 느낌이나 생각을 그림으로 표현해 보세요.

09 만화로 표현하기

우리나라에서 몇 년 전에 어느 집에나 있던 책이 바로 《만화로 보는 그리스 로마 신화》입니다. 유치원생부터 초등 고학년까지 이 책을 읽지 않은 친구가 없을 정도였어요. 만화로 되어 있어서 누구나 쉽게 읽을 수 있는데다 그림이 예뻐서 특히 여학생들이 아주 좋아했지요.

이 책은 이미 오래 전부터 있어 왔던 책을 어느 만화가가 그림으로 재구성한 것입니다. 그것이 폭발적인 인기를 누리게 된 것이지요. 여러분도 재미있게 읽은 책을 만화로 다시 그려 보세요. 그리고 아직 그 책을 읽지 않은 친구에게 여러분이 그린 만화를 보여 주면서 친구를 책 속으로 빠져들게 해 보세요. 누가 아나요. 이담에 《만화로 보는 그리스 로마 신화》에 그림을 그린 만화가처럼 아주 유명한 만화가가 될지도! 정확한 내용을 몇 컷짜리 만화로 담아낼까 고민 좀 해야 할 거예요.

 활동하기 좋은 책

《개구리네 한 솥밥》

이 책에는 마음씨 착한 개구리가 나옵니다. 개구리는 어려운 처지에 놓인 동물 친구들을 하나하나 도와주죠.

🍃 개구리가 얼마나 착한지 책을 읽고 한 장면 한 장면 그려 보세요. 재미있는 만화가 될 거예요.

《너하고 안 놀아》

포도송이를 들고 야금야금 먹는 기동이와 그것을 먹고 싶어 갖고 있는 구슬과 바꾸고 싶어 하는 노마. 처음엔 기동이가 좋아하지만 나중에는 노마가 좋아하지요. 어떤 장면, 어떤 표정이 될지 궁금합니다.

🍃 노마의 이야기를 만화로 그려 보세요. 여러 가지 이야기가 있으니까 그중에 하나를 그려 봐도 좋아요.

만화로 표현하기

도서명		지은이	
출판사		읽은 날짜	

1. 책을 읽고 인상 깊은 장면이나 사건을 중심으로 줄거리를 요약해 보세요.

2. 위에서 정리된 줄거리를 여러 개의 문장으로 정리해 보세요.

1
2
3
4
5
6

3. 앞에서 정리된 여러 개의 문장을 만화로 그려 보세요.

만화로 표현하기

도서명		지은이	
출판사		읽은 날짜	

1. 책을 읽고 인상 깊은 장면이나 사건을 중심으로 줄거리를 요약해 보세요.

2. 위에서 정리된 줄거리를 여러 개의 문장으로 정리해 보세요.

1
2
3
4
5
6

3. 앞에서 정리된 여러 개의 문장을 만화로 그려 보세요.

10 주인공과 인터뷰하기

인터뷰란 기자가 취재를 위해 특정한 사람에게 궁금한 걸 물어보는 걸 말합니다. 책 속에는 많은 인물들이 나옵니다. 그들이 살아 움직이는 사람이라면 여러분은 무엇이 궁금할까요? 책 속 인물을 만난다면 무엇을 물어보고 싶은지 생각해 보고, 질문을 만들어 보세요. 또 그 인물의 처지에서 어떤 대답을 해 주면 좋을지 생각하여 답변을 해 보세요. 책 내용을 자세하게 알고 있어야 제대로 된 질문과 답변이 나올 수 있겠군요. 엄마랑 함께 역할을 정해서 직접 해 봐도 좋고 독서그룹 친구들이 있다면 역할을 나누어서 해 보는 것도 좋겠군요.

인터뷰를 한 후의 느낌을 글로 써 보는 것도 좋아요. 기자 역할을 할 때는 어떤 마음이 들었고 또 주인공의 처지에서 답변을 할 때는 어떤 마음이 들었는지 정리해서 써 보세요.

 활동하기 좋은 책

《잭과 못된 나무》

잭 박사는 채소를 기르다 더디 자라는 것을 못 견뎌 속성 재배하는 방법을 개발해 냅니다. 그런데 나무가 쑥쑥 자라 오존층을 뚫어 우주까지 뻗어 올라가는 바람에 여러 가지 문제들이 발생합니다.

🍃 잭 박사는 도대체 무슨 생각을 하고 있을까요? 궁금한 점들을 모아서 인터뷰를 해 보세요. 잭 박사에게 묻고 답한 글을 큰 소리로 읽어 보세요.

《돼지책》

가족이 요구하는 모든 것을 들어주는 엄마가 있습니다. 하루 온종일 피곳 부인은 지친 표정으로 가족을 위해 애씁니다. 마침내 피곳 부인은 "너희들은 돼지야" 라는 말을 남긴 채 집을 나가 버립니다. 그리고 가족들은 하루하루 지나갈수록 돼지가 되어 갑니다. 그러던 어느 날 피곳 부인이 다시 돌아와 돼지가 된 그들을 구해 주지요. 물론 그 후로 서로 도와가며 살아요.

🍃 가족을 위해 희생을 했던 피곳 부인에게 꼭 묻고 싶은 말은 무엇인지 인터뷰해 보세요. 또 엄마를 못살게 굴다가 돼지가 되었던 가족들에게 묻고 싶은 말이 있나요? 그들은 어떤 답변을 할까요?

주인공과 인터뷰하기

도서명		지은이	
출판사		읽은 날짜	

1. 책을 읽고 기자가 되어 주인공에게 묻고 싶은 질문을 써 보세요.

2. 내가 책 속의 주인공이 되어 위의 질문에 어떤 답변을 하면 좋을지 써 보세요.

3. 인터뷰를 한 후 기자 역할을 할 때는 어떤 마음이 들었고 또 주인공의 처지에서 답변을 할 때는 어떤 마음이 들었는지 써 보세요.

주인공과 인터뷰하기

도서명		지은이	
출판사		읽은 날짜	

1. 책을 읽고 기자가 되어 주인공에게 묻고 싶은 질문을 써 보세요.

2. 내가 책 속의 주인공이 되어 위의 질문에 어떤 답변을 하면 좋을지 써 보세요.

3. 인터뷰를 한 후 기자 역할을 할 때는 어떤 마음이 들었고 또 주인공의 처지에서 답변을 할 때는 어떤 마음이 들었는지 써 보세요.

11 독서퀴즈 만들기

책을 읽은 후에 독서퀴즈 만드는 것을 매우 쉽게 생각하는 친구들이 있어요.

"책 보면서 그냥 문제 만들면 되는 것 아닌가요? 에이, 이건 너무 쉽잖아요."

그렇지 않아요. 문제를 만들 때는 반드시 자신이 알고 있는 것을 문제로 내야 하거든요. 독서퀴즈는 모르는 것을 내는 것이 아니라 아는 것을 문제로 내는 겁니다. 그것을 어떻게 하면 정확히 표현할 수 있을까 생각해 보세요. 그리고 문제를 다 낸 뒤에는 함께 공부하는 친구들과 독서퀴즈를 하도록 하세요. 그때 정확히 알고 있어야 답을 알려줄 수 있겠지요. 자신도 모르는 문제를 냈다가는 낭패입니다.

 **활동하기 좋은 책**

《선인장 호텔》

이 책은 사구아로 선인장의 생태를 다룬 그림책입니다. 눈에 띄지도 않을 작은 선인장 씨가 싹을 틔워 엄마보다도 아빠보다도 더 크게 자라 자동차 다섯 대의 무게와 아파트 몇 층 높이의 크기로 자라납니다. 그리고 200년 동안 살면서 여러 생물들의 호텔 역할을 하며 살다가 쓰러집니다. 하지만 염려할 것 없어요. 그 선인장은 쓰러졌지만 어느새 주변은 온통 사구아로 선인장 숲이 되었으니까요.

🍃 이 책을 읽고 사구아로 선인장에 대해서 새롭게 알게 된 내용을 가지고 독서퀴즈를 만들어 보세요.

《마들렌카》

마들렌카는 이가 흔들리자 이웃에게 알리러 달려 나갑니다. 거기서 자기가 살고 있는 그 마을의 다양한 사람들을 만나지요. 인사말도 나라마다 각각 다릅니다. 한 집의 꼬마 마들렌카는 한 마을 속에, 한 나라 속에, 한 대륙 속에, 한 행성 속에, 한 우주 속에 살고 있음을 알게 됩니다.

🍃 마들렌카 이야기를 읽고 새롭게 알게 된 사실을 가지고 독서퀴즈를 만들어 보세요.

독서퀴즈 만들기

도서명		지은이	
출판사		읽은 날짜	

1. 책을 읽고, 새롭게 알게 된 사실을 써 보세요.

2. 새롭게 알게 된 사실을 가지고 퀴즈로 만들어 보세요.

3. 앞에서 만든 독서퀴즈를 친구들에게 내보고 친구들의 답변과 내가 생각하는 정답을 써 보세요.

독서퀴즈 만들기

도서명		지은이	
출판사		읽은 날짜	

1. 책을 읽고, 새롭게 알게 된 사실을 써 보세요.

2. 새롭게 알게 된 사실을 가지고 퀴즈로 만들어 보세요.

3. 앞에서 만든 독서퀴즈를 친구들에게 내보고 친구들의 답변과 내가 생각하는 정답을 써 보세요.

제2장
독서감상문 쓰기의 기본 원칙

독서감상문이란 책을 읽고 그 느낌이나 생각을
글로 표현한 것을 말합니다. 책을 읽기만 하고
쓰지 않는다면 어떻게 될까요? 책을 읽는다는 것은
여러분의 머릿속에 무엇인가를 넣는다는 의미입니다.
넣는 게 있으면 나오는 것도 필요하겠지요. 그런데 평상시에
술술 풀어내는 능력이 없다면 쏟아낼 때 한꺼번에
무질서하게 나올 수도 있어요. 들어가는 것이 있으면
반드시 나와야 합니다. 들어가는 것이 '책읽기'라면
나오는 것은 '표현하기'랍니다.

01 독서감상문을 잘 쓰려면

독서감상문을 잘 쓰려면 우선 책을 정확하게 이해해야 합니다. 정확하게 이해하기 위해서는 여러 번 반복해서 읽는 것도 좋은 방법이고 읽으면서 마음에 와 닿는 부분은 표시를 해 두는 것도 좋지요.

여러분 중에는 '책도 한 번 읽으면 끝! 글도 한 번 쓰면 끝!'인 사람이 분명 있을 겁니다. 그런 사람은 좋은 글을 쓸 수가 없습니다. 좋은 감상문을 쓰기 위해서는 책을 완전히 소화해 낼 때까지 읽고 또 읽고, 중요한 부분은 메모를 해 두며, 쓴 다음에는 여러 번 읽어 보면서 고치고, 자신의 경험을 살려서 써야 합니다.

좋은 독서감상문 쓰기

▶ 동화의 경우 책 속 주인공과 자신을 비교해 본다.

책 속의 주인공과 자신을 비교해 보는 활동은 매우 중요합니다. 책 속 주인공의 닮고 싶은 면들을 찾아 변화시켜 나가려는 노력이 훌륭한 사람이 되기 위한 첫걸음이니까요. 또 독서감상문만 읽고도 글의 내용을 알 수 있을 정도로 내용을 잘 간추려 주어야 합니다.

▶ 문장은 될 수 있는 한 간단하게 쓴다.

문장이 너무 길면 처음에 시작한 말과 끝이 안 맞는 경우도 있어요. 한눈에 무슨 말인지 알아볼 수 있도록 길지 않은 문장으로 표현해 줍니다.

▶ 한 문단 안에는 한 가지 이야기만 쓴다.

이야기가 바뀌면 문단을 나누어 주어야 합니다. 가령 가족을 소개한다고 할 때 아빠 소개가 끝나면, 엄마를 소개하고 그 다음 동생을 소개하잖아요. 한 사람에 대한 글이 끝나고 다른 사람에 대한 글로 넘어갈 때는 줄을 바꿔 새로 시작해 줍니다. 그게 바로 문단이랍니다.

▶ 이야기의 순서가 잘 짜여 있어야 한다.

책 내용의 앞뒤가 뒤섞여 있으면 글을 이해하는 데 많은 어려움이 있어요. 읽은 책의 순서에 맞춰 나가면서 자신의 느낌을 펼쳐 나가세요.

▶ 글이 전체적으로 통일감이 있어야 한다.

글의 앞뒤가 잘 맞아야 한다는 이야기입니다. 앞에서는 좋다고 했다가 뒤에서는 나쁘다고 한다든지, 앞에서는 재미있는 책이라고 했다가 뒤에서는 재미없는 책이라고 하면 안 됩니다. 한 가지의 의견에 일관성을 가지고 있는 것이 좋아요.

02 독서감상문의 제목 정하기

독서감상문을 쓸 때 제목을 정하는 일은 매우 중요합니다. 어떤 친구는 '○○○를 읽고'라고 책 제목을 그대로 가져오는데 그것은 그 책을 쓴 작가 선생님의 제목이지 자기 제목이 아니에요. 책 제목을 그대로 쓰는 것보다는 자신의 마음에 와 닿는 제목을 붙여 보세요. 독서감상문은 여러분 자신의 글이니까요.

어떤 친구는 자기가 생각해 낸 제목만을 붙이기도 합니다. 그러면 어떤 책을 읽고 이런 글을 썼는지 모르기 때문에 원래의 책 제목도 써 주는 게 좋아요. 그래서 보통 독서감상문은 두 줄 제목으로 쓴답니다. 첫 번째 줄에는 자신의 제목을 쓰고, 두 번째 줄에는 책 제목을 쓰면 됩니다.

좋은 독서감상문 쓰기

《으뜸 헤엄이》를 읽고 감상문을 쓸 때의 제목은 '최고 헤엄이' 라고 붙여 보고 《호랑이 뱃속에서 고래 잡기》를 읽고 나서는 '고래와 호랑이 먹기' 라고 붙여 봅니다. 자기 제목이 우선이고 책 제목은 그 다음 줄에 씁니다.

최고 헤엄이

'으뜸 헤엄이' 를 읽고

고래와 호랑이 먹기

'호랑이 뱃속에서 고래 잡기' 를 읽고

03 처음 부분은 어떻게 시작할까요?

처음 부분에는 책을 읽게 된 동기나 책을 읽고 나서 가진 생각이나 느낌을 쓰기도 하고, 책 소개로 시작하기도 하고, 자신의 이야기로 시작하기도 합니다.

어떤 친구들은 동기를 써야 한다는 생각에 매번 '이 책을 읽은 이유는 엄마가 읽으라고 해서 읽었다', '학교 숙제라서 읽었다', '독서교실에서 읽어야 되는 책이라서 읽었다' 이렇게 쓰기도 합니다. 날마다 이렇다면 글이 참 재미없겠지요.

이 책을 읽은 동기에 대해서는 뭔가 독특한 이유가 있다면 그걸 적고, 그렇지 않다면 꼭 적을 필요 없어요. 일기나 생활문을 쓸 때 자신의 이야기를 진솔하게 시작하는 것처럼 실제로 자신에게 있었던 일이나 느낌을 적으면 됩니다.

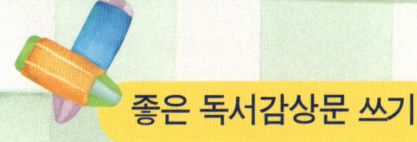

좋은 독서감상문 쓰기

▶ 책을 읽게 된 특별한 동기를 쓴다.

독서감상문을 쓸 때 흔히 책을 읽게 된 이유를 쓰는데, 그게 바로 읽게 된 동기라는 거예요. 도서관에서 책을 고르다 겉표지가 마음에 쏙 들어서 읽고 싶은 마음이 들었을 수도 있고, 원래 책을 좋아해서 읽었을 수도 있고, 이유는 가지가지일 겁니다. 그것을 밝혀 써 글을 시작하는 방법입니다.

▶ 책을 읽고 난 뒤의 느낌이나 생각을 쓴다.

책을 읽고 나서 든 느낌으로 처음 부분을 시작하는 겁니다. 느낌이란 '아, 그렇구나!' 하는 겁니다. 누군가 나를 꼬집으면 아프다고 느낍니다. 그런 다음 '왜 꼬집었지?', '내가 뭐 잘못한 게 있나?' 등등 여러 가지 생각을 하게 됩니다. 이게 바로 느낌과 생각의 차이입니다.

▶ 책에 대한 소개를 쓴다.

읽은 책에 대해 소개하는 글로 독서감상문을 시작할 수도 있어요. 소개라는 것은 잘 모르는 것을 알게 해 주는 겁니다. '내가 읽은 책은 이런 책이야'라고 알려 주는 거죠.

▶ 자신에 관계된 이야기로 시작한다.

책을 읽고 그 책과 관련해서 여러분의 경험이나 생각 등 자신에 관계된 이야기로 글을 시작해도 좋은 독서감상문이 된답니다.

▶ 여러 개의 방법을 한 번에 다 쓴다.

독서감상문의 처음 부분을 하나의 기준으로 시작하는 게 아니라 앞에서 이야기한 것들을 합쳐서 한꺼번에 시작해도 괜찮아요.

04 가운데 부분은 어떻게 쓸까요?

이제 가운데 부분을 채울 순서예요. 가운데 부분을 쓸 때는 줄거리와 느낌을 쓸 수도 있고, 줄거리 사이사이에 자신의 의견을 쓰기도 하고, 기억에 남는 이야기를 중심으로 쓰기도 하고, 주제를 중심으로 쓰기도 합니다. 주인공의 훌륭한 점을 나와 비교해 쓸 수도 있고, 주인공이 되었을 때를 상상해서 쓸 수도 있고, 글의 내용을 비판해서 쓸 수도 있습니다.

좋은 독서감상문 쓰기

▶ 줄거리를 중심으로 쓴다.

책을 읽어 보면 그림책이나 옛날이야기, 동화 등은 줄거리를 갖게 됩니다. 줄거리는 이야기 전체의 흐름으로 이야기를 이해하는 데 많은 도움이 되지요.

▶ 줄거리 사이사이에 느낌을 쓴다.

줄거리 사이사이에 느낌을 쓰는 방법은 줄거리를 쓰고 느낌을 쓰는 것과 비슷합니다. 줄거리와 느낌 쓰기는 한 번에 내용을 다 들려주고 나중에 느낌을 쓴다면, 줄거리 사이사이에 느낌을 쓰는 것은 말하는 중간 중간 자신의 의견을 덧붙이는 방법입니다.

▶ 기억에 남는 부분에 느낌을 더해 쓴다.

책을 덮고 나서 가장 생각나는 것을 두세 가지 정도 적고, 그 부분에 대한 느낌이나 생각을 써 넣으면 돼요. 그런데 너무 간단히 느낌을 적다 보면 내용이 너무 적을 수가 있어요. 이럴 때는 생각나는 부분과 비슷한 자신의 경험을 적는다면 더 좋은 감상문이 된답니다.

▶ 주제를 중심으로 쓴다.

책은 작가가 하고 싶은 이야기를 담고 있어요. 이야기를 재미있게 펼쳐 놓았지만 결국은 작가가 하고 싶은 어떤 이야기가 있을 겁니다. 그것을 주제라고 합니다. 주제를 찾아내고 그 한 가지를 중심으로 자신의 깊이 있는 생각과 느낌이나 경험을 담아내면 된답니다.

▶ 주인공을 중심으로 쓴다.

주인공과 나를 비교해서 써 볼 수도 있어요. 주인공의 훌륭한 점을 나와 비교해 쓸 수도 있지만 주인공이 꼭 훌륭하기만 하지는 않으니까 주인공과 나를 비교해 보면서 '내가 주인공이라면 어떻게 했을까?' 하고 상상해서 써 보는 것도 좋아요.

05 끝부분은 어떻게 마무리해야 할까요?

가운데 부분을 다양하게 썼다면 이제는 끝맺음을 할 차례입니다. 끝맺음을 하지 않고 여운을 남길 수도 있지만 마무리를 하는 것이 좋겠지요. 어떤 친구들은 가운데 부분의 느낌을 쓴 것을 끝맺음이라고 생각하는 경우도 있는데 그렇지 않아요. 끝맺음 부분은 따로 써야 해요.

끝맺음을 할 때에는 책의 내용과 자신의 생각을 다시 한 번 간단하게 정리해 주면 좋아요. 또한 책을 읽고 깨달은 점을 쓸 수도 있어요. 자신의 결심을 밝힐 수도 있답니다. 깨달음이나 결심을 같이 쓸 수도 있고요.

좋은 독서감상문 쓰기

▶ **책의 내용과 자신의 생각을 정리해서 쓴다.**

책의 자세한 내용들은 이미 가운데 부분에서 썼기 때문에 끝부분에서는 굳이 자세히 쓰지 않아도 된답니다. 간단하게 이런 내용이었다고 한 다음에 자신의 생각을 정리해서 쓰면 됩니다.

▶ **책을 읽고 깨달은 점을 쓴다.**

책을 읽고 나면 깨달음이 생깁니다. '아, 이런 이야기로구나!', '아, 이렇게 하면 안 되겠구나!', '그래서 이렇게 되었구나!' 등등 깨달음으로 마무리를 하는 방법도 활용해 보세요.

▶ **자신의 결심을 밝혀 쓴다.**

책을 읽고 나면 앞으로 어떻게 하겠다는 마음을 먹게 됩니다. 그것이 결심입니다. 이러한 결심으로 끝맺음을 할 수도 있답니다.

▶ **책을 읽고 깨달은 점과 결심을 같이 쓴다.**

깨달은 점과 결심을 같이 밝혀 써도 괜찮아요.

제 3 장

다양한 형식의 독서감상문 쓰기

독서감상문 쓰기는 '꼭 이렇게 써야 한다' 는
틀이 정해져 있는 건 아니에요. 하지만 막상 독서감상문을
쓰라고 하면 막막할 거예요. 다른 친구들이 쓴 독서감상문을
따라서 써 보기도 하고 선생님께 여쭤 보기도 하겠지요.
처음에는 정해진 큰 틀 안에서 쓰는 연습을 자꾸 해 봐야 합니다.
머지않아 자기만의 독특한 형식을 새로 만들어서
독서감상문을 쓸 수 있는 실력까지 올라가게 될 거예요.

01 편지 형식의 독서감상문

편지는 누군가에게 자신의 마음을 전달하기 위해 쓰는 글입니다. 편지는 다른 형식의 글보다 쉽게 쓸 수 있다는 장점이 있어요. 이러한 편지의 형식을 빌려 독서감상문을 써 보는 거예요. 독서감상문 활동 중에 제일 쉬운 활동이라 할 수 있습니다.

책 속의 주인공이나 다른 인물들에게 내 마음을 편지로 써서 전하는 겁니다. 아니면 작가 선생님한테 편지를 쓸 수도 있어요. 이 책을 읽지 않은 친구에게 책을 소개하는 편지를 쓸 수도 있지요.

 **활동하기 좋은 책**

《화요일의 두꺼비》

발랄하고 명랑한 두꺼비 워턴은 과자를 고모에게 갖다 주려다가 외톨이 올빼미 조지에게 잡혀갑니다. 올빼미는 자기 생일날에 두꺼비를 잡아먹겠다고 합니다. 퉁명스러운 올빼미와 명랑하고 다정한 두꺼비가 서로 친구가 되어가는 과정을 따뜻하게 그린 동화입니다.

🍃 발랄하고 용기 만점인 워턴에게 편지를 써 볼까요? 아니면 겁쟁이 올빼미에게 편지를 써 볼까요?

《초대받은 아이들》

민서는 친구를 찾고 또 찾지만 쉽게 찾아지지 않아요. 성모가 진정한 친구가 될 줄 알았더니 민서의 마음을 잘 몰라주네요. 그때 자기 마음과 똑같아 보이는 기영이를 발견합니다. 민서와 기영이는 친구가 되었을까요?

🍃 민서가 되어 좋은 친구가 되고 싶은 마음을 담아 기영이에게 편지를 써 보세요. 기영이가 답장을 보내올지도 몰라요.

편지 형식의 독서감상문

도서명		지은이	
출판사		읽은 날짜	

1. 책을 읽고 책 속의 주인공이나 등장인물에게 편지를 써 보세요.

　　　　　에게

　　　　　　　　　　　　　년　　월　　일

　　　　　　　　　　　　　　　　　가

 편지 형식의 독서감상문

도서명		지은이	
출판사		읽은 날짜	

1. 책을 읽고 책 속의 주인공이나 등장인물에게 편지를 써 보세요.

　　　　에게

　　　　　　　　　　　　　　　년　　월　　일

　　　　　　　　　　　　　　　　　　　　가

02 일기 형식의 독서감상문

일기는 그날 있었던 일을 소재로 해서 자신의 마음을 펼쳐내는 글입니다. 그 어떤 것도 일기가 될 수 있어요. 책을 읽고 일기 형식의 독서감상문을 써도 된답니다. 책 속 인물이 오늘 한 일을 일기로 쓴다면 어떻게 썼을까 궁금하지 않아요? 책 속 인물이 되어 그날 하루의 일기를 써 보세요.

 활동하기 좋은 책

《인삼과 도라지》

옛날에 인삼장수가 살았습니다. 중국과 무역을 하는데 중국인들이 인삼 값을 턱없이 깎지 뭐예요. 그래서 어떻게 할까 고민을 하다가 한 가지 꾀를 생각했답니다. 도라지는 인삼과 비슷하게 생겼으니 도라지를 같이 싣고 가서 원하는 가격을 주지 않으면 모두 바다에 버리기로 한 거예요. 아니나 다를까, 흥정이 시작되니 중국 상인이 무조건 값을 깎지 않겠어요. 그래서 도라지 자루를 바다에 풍덩풍덩 버렸답니다. 중국 상인은 깜짝 놀라 더 이상 인삼 값을 깎지 못했다지 뭐예요. 고려 인삼의 진가를 알고는 있었거든요.

🍃 이 이야기를 읽고 일기를 써 봐요. 전날 일기라도 좋고 그날 일기라도 좋아요. 이왕이면 일기의 형식에 맞춰 쓰면 더 좋겠죠?

《안녕, 난 개미야》

개미의 일생에 대해 개미가 직접 일기 형식을 빌려 우리에게 알려 주고 있는 책입니다. 커다란 그림과 함께 개미의 생애를 나열하고 있군요. 다른 종족 친구들에 대해서도 친절하게 알려 줍니다.

🍃 책 속 개미가 되어 오늘 있었던 일에 대하여 일기 형식으로 써 보세요.

🌸 일기 형식의 독서감상문

도서명		지은이	
출판사		읽은 날짜	

책을 읽고 내가 책 속의 주인공이 되어 일기를 써 보세요.

날 짜 :

날 씨 :

제 목 :

🍃 일기 형식의 독서감상문

도서명		지은이	
출판사		읽은 날짜	

책을 읽고 내가 책 속의 주인공이 되어 일기를 써 보세요.

날 짜:

날 씨:

제 목:

03 생활문 형식의 독서감상문

생활문은 생활 속에서 있었던 일을 소재로 씁니다. 일기와 아주 비슷해요. 일기는 그날그날 쓰는 생활문이라고 생각하면 됩니다. 생활문은 꼭 그날 이야기가 아니어도 괜찮아요. 1년 전 이야기도, 아주 오래된 이야기도 쓸 수 있지요. 어떤 연결거리가 있다면 그것과 관련한 자신의 경험을 바탕으로 글을 쓸 수 있답니다. 가령 환경의 날을 맞아 환경에 대한 글을 쓰고자 한다면 환경과 관련한 자신의 경험을 살려서 글을 쓰면 됩니다.

 활동하기 좋은 책

《만석꾼이 천석꾼 된 내력》

만석꾼지기 아저씨가 고양이 엉덩이 살을 베어 먹고 나서 만석꾼이 천석꾼이 되었다지요. 천석꾼도 어마어마하게 부자지만요. 어쩌다 천석꾼이 되었냐면 고양이를 못살게 굴어 고양이의 복수로부터 목숨을 지키다 그리 되었다는데 살아 있는 생명을 괴롭히면 안 되겠지요.

🍃 이 이야기와 관련하여 여러분은 동물을 괴롭힌 적이 없었는지 자신의 경험을 살려 글을 써 보세요. 미안한 일은 진심으로 사과를 해야 해요. 그렇지 않으면 복수하러 올지도 몰라요.

《사계절 생태놀이 봄, 여름, 가을, 겨울》

우리가 자연에서 볼 수 있고 먹을 수 있는 것들이 계절별로 소개되어 있는 책입니다. 그리고 재미있는 놀이들도 소개되어 있답니다. 개나리 헬리콥터 놀이, 민들레꽃 놀이, 제비꽃 놀이, 강아지풀 끊기 놀이, 나뭇잎 피리 놀이. 놀이도 가지각색 아무데서나 할 수 있어요.

🍃 책에 나와 있는 여러 가지 놀이를 직접 해 보고 그것을 소재로 글을 써 보세요. 그것이 바로 생활문이니까요.

생활문 형식의 독서감상문

도서명		지은이	
출판사		읽은 날짜	

책을 읽고 책 이야기의 소재를 중심으로 자신의 경험을 살려 생활문을 써 보세요.

중심 소재:

제목:

도서명		지은이	
출판사		읽은 날짜	

책을 읽고 책 이야기의 소재를 중심으로 자신의 경험을 살려 생활문을 써 보세요.

중심 소재:

제목:

04 설명문 형식의 독서감상문

설명글은 어떤 물건이나 사실 또는 현상에 대해 누구든지 잘 알 수 있도록 풀이하여 쓴 글입니다. 설명문을 쓰면 자기가 새로 알게 된 지식이나 자기 체험을 정리하고 요약하는 힘을 기를 수 있답니다.

재미있게 읽은 책을 친구에게 소개한다든지, 책을 쓴 작가에 대해 알려 준다든지, 책 속의 내용 일부를 설명한다든지, 책 속 인물을 파악해 어떤 사람인지 써 보는 것도 설명하는 글의 형식에 들어갑니다.

 활동하기 좋은 책

《네가 무당벌레니?》

이 책은 무당벌레의 모든 것을 담고 있습니다. 어린이들에게 무당벌레가 어떻게 태어나고, 무엇을 먹으며 자라는지 자세하게 알려 줍니다. 서로 이야기를 나누듯이 쓴 글과 예쁜 그림을 보다 보면 자연의 소중함을 깨닫게 됩니다.

🍃 이 책을 읽고 무당벌레에 대해 새롭게 알게 된 내용을 중심으로 써 보세요.

《프리다》

일곱 살에 소아마비를 앓고 열여덟 살에는 교통사고를 당해 평생 고통 속에 살아야만 했던 프리다 칼로. 멕시코의 예술과 문화에 많은 공헌을 한 프리다는 자신의 고통을 잊기 위해 그림을 그리기 시작했답니다.

🍃 온갖 고통을 이겨내고 그림을 그려 멕시코의 영웅이 된 프리다의 성격은 어떤 것 같아요? 프리다의 성격을 생각하며 써 보세요.

설명문 형식의 독서감상문

도서명		지은이	
출판사		읽은 날짜	

책을 읽고 새롭게 알게 된 내용을 중심으로 설명문을 써 보세요.

제목:

도서명		지은이	
출판사		읽은 날짜	

책을 읽고 새롭게 알게 된 내용을 중심으로 설명문을 써 보세요.

제목:

05 주장글 형식의 독서감상문

책을 읽다 보면 주장거리들이 많이 생깁니다. 그것을 써 보면 주장하는 글, 즉 논설문이 됩니다. 주장하는 글은 자신의 주장을 이치에 맞게 제시함으로써 다른 사람들이 자신의 주장에 동의를 하게 하거나 같이 행동해 주기를 간절히 바라는 글입니다.

책을 읽고 주제를 찾고, 찾은 주제에 대한 자신의 주장을 밝히고 주장의 근거들을 책 속의 상황에서 찾아내 글로 표현한다면 사고력이 쑥쑥 자라날 겁니다. 주어진 문제에 대한 나만의 해결책도 드러낼 수 있답니다.

 **활동하기 좋은 책**

《갯벌》

갯사람들의 삶의 터전이었던 곳이 개발 바람이 불고 간척 바람이 불어 동네 사람들이 하나둘 고향을 떠나갑니다. 학교도 문을 닫게 되고요. 갯벌은 그대로 남아 있는 게 좋은 걸까요, 아니면 간척이 되는 게 좋은 걸까요?

🍃 그냥 자신의 생각을 펼치지 말고 책을 읽고 나서 책 속에서 근거를 찾아 자신의 주장을 펼쳐 보세요. 어떤 이유로 갯벌을 메우는 일을 반대할 건지 주장하는 이유가 분명하지 않다면 다른 사람들의 동의를 얻어내기 힘듭니다.

《알게 뭐야!》

똑같이 생긴 시멘트 차와 밀가루 차가 나란히 어딘가로 갑니다. 한참을 앞서거니 뒤서거니 가다가 둘 다 길옆에 섭니다. 각 차에서 운전사가 내립니다. 오줌을 눈 두 사람은 각자 차에 올라탑니다. 차가 바뀐 것을 알지만 "알게 뭐야!" 하며 그냥 갑니다. 밀가루가 갈 곳에는 시멘트가 가서 시멘트 과자가 만들어지고, 시멘트가 갈 곳에는 밀가루가 가서 밀가루 집을 짓게 됩니다.

🍃 어떤 일이 벌어졌을까요? 온통 뒤죽박죽이 되었을 것 같군요. 두 운전사에게 어떤 주장을 할 수 있을까요? 자신의 주장을 글로 써 보세요.

주장글 형식의 독서감상문

도서명		지은이	
출판사		읽은 날짜	

책을 읽고 주제를 찾은 후, 책 속에서 주장의 근거를 찾아 써 보세요.

주장하고 싶은 말:

🍃 주장글 형식의 독서감상문

도서명		지은이	
출판사		읽은 날짜	

책을 읽고 주제를 찾은 후, 책 속에서 주장의 근거를 찾아 써 보세요.

주장하고 싶은 말:

06 시 형식의 독서감상문

순간의 느낌을 잡아서 쓰는 게 바로 시랍니다. '어린이는 모두 시인이다'라는 말이 있듯이 여러분들의 말과 글은 곧 시가 됩니다. 시의 소재를 책에서 가져와 동화시를 써 볼까요?

 **활동하기 좋은 책**

《작은 집 이야기》

작은 집은 사과나무 언덕에서 행복한 세월을 보냅니다. 그렇게 하루 이틀, 한 달, 두 달, 일 년, 이 년, 세월은 흘러 주변이 온통 도시로 변하면 변할수록 작은 집은 점점 초라하게 변해 가지요. 지나가던 사람이 작은 집을 알아봅니다. 할머니의 할머니가 살던 집이라고. 그래서 작은 집은 다시 사과나무 언덕이 있는 곳으로 이사를 왔답니다.

🍃 작은 집의 마음을 잘 알 수 있나요? 그 마음을 시로 표현해 보세요.

《나비가 날아간다》

이 책은 사계절이 고루 담긴 시집입니다. 봄, 여름, 가을, 겨울 어떤 이야기들이 시로 담겨 있을까요? 시들을 읽다 보면 '시가 이렇게 쉽다니' 하는 마음에 당장 시를 쓰고 싶다는 마음이 들 겁니다.

🍃 주변에 있는 것들을 소재로 시를 써도 멋진 독서감상문이 된답니다.

시 형식의 독서감상문

도서명		지은이	
출판사		읽은 날짜	

책을 읽고, 느낀 점을 시로 표현하고 어울리는 그림을 그려 보세요.

🍃 시 형식의 독서감상문

도서명		지은이	
출판사		읽은 날짜	

책을 읽고, 느낀 점을 시로 표현하고 어울리는 그림을 그려 보세요.

07 관찰기록문 형식의 독서감상문

관찰은 학습과 사고의 시작입니다. 관찰을 통해 새로운 사실들을 알게 되고 새로운 것을 느끼게 되고 새로운 것을 생각하게 되며 새로운 것을 깨닫게 되기 때문이지요.

자기가 관찰한 것을 있는 그대로 표현해 내는 것이 관찰기록문입니다. 책을 읽다가 관찰할 거리를 만났다면 실제 생활에서도 찾아보면 됩니다. 그리고 그것을 기록하면 관찰기록문 형식의 독서감상문이 되겠지요.

《신기한 식물일기》

이 책에서는 주변의 모든 것을 관찰하는 리네아를 만날 수 있습니다. 리네아는 과일의 속모습도 아주 자세히 그려 냈지요. 집에서 과일을 먹을 때 아무 생각 없이 먹지 말고 한번 자세히 관찰해 보세요. 겉모습도 보고 속모습도 보고, 속모습도 가로의 모습과 세로의 모습이 전혀 다르답니다. 그 안에 신비한 세계가 숨어 있는 듯해요.

🍃 자, 지금 바로 냉장고로 가서 과일을 찾아보세요. 그리고 잘라 보세요. 그것을 그림으로 그리고 글로 그림을 그리듯 자세히 써 보세요. 훌륭한 글이 된답니다.

《봄이의 동네 관찰 일기》

꼭 멀리 가야 할 필요 없어요. 우리 집 앞에도 눈을 돌려 보세요. 아파트 입구에도 특별한 무엇인가가 있을 수 있답니다.

🍃 이 책을 읽고 집 근처에서 만나는 것들을 유심히 관찰한 후 그 결과를 기록해 보세요.

관찰기록문 형식의 독서감상문

도서명		지은이	
출판사		읽은 날짜	

책을 읽다가 관찰거리를 찾아 그것을 기록해 보세요.

관찰 소재:

관찰기록문 형식의 독서감상문

도서명		지은이	
출판사		읽은 날짜	

책을 읽다가 관찰거리를 찾아 그것을 기록해 보세요.

관찰 소재:

08 기행문이나 견학기록문 형식의 독서감상문

요즘은 체험학습이 점점 많아지고 있어요. 다녀온 곳에 대한 것을 글로 남기면 바로 기행문이나 견학기록문이 됩니다. 다녀온 곳에 대한 느낌을 중심으로 쓰는 글이 기행문이라면, 견학기록문은 기록에 충실한 설명문에 더 가까운 글이라 할 수 있죠. 다녀온 곳에 대한 내용들을 글로 옮겨 본다면 그것 또한 좋은 글이 될 것입니다. 책을 읽다가 봐둔 흥미 있는 장소를 다녀오는 것도 좋겠지요.

활동하기 좋은 책

《물고기 박사 최기철 이야기》

이 책에는 여러 가지 민물고기들이 나옵니다. 우리랑 전혀 다른 곳에서 살아가는 물고기들. 관심이 없다면 전혀 볼 수 없습니다. 우리가 가까이 가지 않으면 절대로 가까워질 수 없는 생명이죠.

🍃 이 책을 읽고 물고기에 대한 지식이 생기면 직접 물고기를 만나러 가 볼까요? 물고기를 만날 수 있는 곳을 다녀와 그 기록을 쓰면 좋은 글이 됩니다.

《미리 가 본 국립중앙박물관》

세계에서 여섯 번째로 큰 국립중앙박물관이 자랑하는 유물 250여 개를 선정하여 소개하는 책입니다. 유물 하나하나를 선명한 사진으로 보여 주며, 핵심적인 설명을 담고 있지요. 알기 쉽게 그 유물이 만들어진 배경이나 전해지는 이야기도 소개합니다.

🍃 이 책을 먼저 읽고, 보고 싶은 곳을 미리 메모해 둔 다음에 국립중앙박물관에 다녀와서 견학기록문을 써 보세요.

기행문이나 견학기록문 형식의 독서감상문

도서명		지은이	
출판사		읽은 날짜	

책을 읽고, 다녀온 곳을 중심으로 글을 써 보세요.

제목:

견학한 날:

장소:

내용:

가장 기억에 남는 것:

기행문이나 견학기록문 형식의 독서감상문

도서명		지은이	
출판사		읽은 날짜	

책을 읽고, 다녀온 곳을 중심으로 글을 써 보세요.

제목:

견학한 날:

장소:

내용:

가장 기억에 남는 것:

독서이력철 만들기

앞에서 공부한 독후활동 방법을 활용하여
독서록을 작성하고 절취선을 따라 오려서
클리어파일에 멋진 독서이력철을 만들어 보세요.

 -

예　　금　　열린미래를 향한 독서사랑 예금

성　　명

독서은행 (인)

개 설 일　　　년　　　월　　　일
발 행 일　　　년　　　월　　　일

No.	도서명	지은이	출간일	페이지	확인
1					
2					
3					
4					
5					
6					
7					
8					
9					
10					

No.	도서명	지은이	출간일	페이지	확인
11					
12					
13					
14					
15					
16					
17					
18					
19					
20					

No.	도서명	지은이	출간일	페이지	확인
21					
22					
23					
24					
25					
26					
27					
28					
29					
30					

도서명				지은이	
출판사		출간일		독서기간	~

✏️ **1.** 책을 읽기 전에, 제목과 차례를 본 후 책의 내용을 스스로 상상해서 적어 보세요.

✏️ **2.** 책을 읽으면서, 책에 실려 있는 중요 어휘나 핵심 단어를 기록해 주세요.

✏️ **3.** 독서 개념지도 만들기 (마인드맵)
　　책을 읽은 후, 내용을 알 수 있게 정리된 간략한 생각지도를 그려 보세요.

4. 앞의 내용을 바탕으로 독서감상문을 써 주세요.

도서명		지은이	
출판사		출간일		독서기간	~

1. 책을 읽기 전에, 제목과 차례를 본 후 책의 내용을 스스로 상상해서 적어 보세요.

2. 책을 읽으면서, 책에 실려 있는 중요 어휘나 핵심 단어를 기록해 주세요.

3. 독서 개념지도 만들기 (마인드맵)
책을 읽은 후, 내용을 알 수 있게 정리된 간략한 생각지도를 그려 보세요.

4. 앞의 내용을 바탕으로 독서감상문을 써 주세요.

도서명		지은이	
출판사		출간일	
		독서기간	~

1. 책을 읽기 전에, 제목과 차례를 본 후 책의 내용을 스스로 상상해서 적어 보세요.

-
-
-
-
-
-

2. 책을 읽으면서, 책에 실려 있는 중요 어휘나 핵심 단어를 기록해 주세요.

◉	◉	◉	◉

3. 독서 개념지도 만들기 (마인드맵)
책을 읽은 후, 내용을 알 수 있게 정리된 간략한 생각지도를 그려 보세요.

4. 앞의 내용을 바탕으로 독서감상문을 써 주세요.

도서명			지은이	
출판사		출간일	독서기간	~

✏️ **1.** 책을 읽기 전에, 제목과 차례를 본 후 책의 내용을 스스로 상상해서 적어 보세요.

-
-
-
-
-
-

✏️ **2.** 책을 읽으면서, 책에 실려 있는 중요 어휘나 핵심 단어를 기록해 주세요.

⦿	⦿	⦿	⦿

✏️ **3. 독서 개념지도 만들기 (마인드맵)**
　　　책을 읽은 후, 내용을 알 수 있게 정리된 간략한 생각지도를 그려 보세요.

4. 앞의 내용을 바탕으로 독서감상문을 써 주세요.

도서명		지은이	
출판사		출간일		독서기간	~

 1. 책을 읽기 전에, 제목과 차례를 본 후 책의 내용을 스스로 상상해서 적어 보세요.

 2. 책을 읽으면서, 책에 실려 있는 중요 어휘나 핵심 단어를 기록해 주세요.

 3. 독서 개념지도 만들기 (마인드맵)
책을 읽은 후, 내용을 알 수 있게 정리된 간략한 생각지도를 그려 보세요.

4. 앞의 내용을 바탕으로 독서감상문을 써 주세요.

도서명		지은이	
출판사	출간일	독서기간	~

1. 책을 읽기 전에, 제목과 차례를 본 후 책의 내용을 스스로 상상해서 적어 보세요.

-
-
-
-
-
-

2. 책을 읽으면서, 책에 실려 있는 중요 어휘나 핵심 단어를 기록해 주세요.

◉	◉	◉	◉

3. 독서 개념지도 만들기 (마인드맵)
책을 읽은 후, 내용을 알 수 있게 정리된 간략한 생각지도를 그려 보세요.

4. 앞의 내용을 바탕으로 독서감상문을 써 주세요.

도서명			지은이	
출판사		출간일	독서기간	~

1. 책을 읽기 전에, 제목과 차례를 본 후 책의 내용을 스스로 상상해서 적어 보세요.

-
-
-
-
-
-

2. 책을 읽으면서, 책에 실려 있는 중요 어휘나 핵심 단어를 기록해 주세요.

◉	◉	◉	◉

3. 독서 개념지도 만들기 (마인드맵)
책을 읽은 후, 내용을 알 수 있게 정리된 간략한 생각지도를 그려 보세요.

4. 앞의 내용을 바탕으로 독서감상문을 써 주세요.

도서명			지은이	
출판사		출간일	독서기간	~

✏️ **1.** 책을 읽기 전에, 제목과 차례를 본 후 책의 내용을 스스로 상상해서 적어 보세요.

✏️ **2.** 책을 읽으면서, 책에 실려 있는 중요 어휘나 핵심 단어를 기록해 주세요.

✏️ **3.** 독서 개념지도 만들기 (마인드맵)
　　　책을 읽은 후, 내용을 알 수 있게 정리된 간략한 생각지도를 그려 보세요.

4. 앞의 내용을 바탕으로 독서감상문을 써 주세요.

도서명			지은이	
출판사		출간일	독서기간	~

1. 책을 읽기 전에, 제목과 차례를 본 후 책의 내용을 스스로 상상해서 적어 보세요.

-
-
-
-
-
-

2. 책을 읽으면서, 책에 실려 있는 중요 어휘나 핵심 단어를 기록해 주세요.

◉	◉	◉	◉

3. 독서 개념지도 만들기 (마인드맵)
책을 읽은 후, 내용을 알 수 있게 정리된 간략한 생각지도를 그려 보세요.

4. 앞의 내용을 바탕으로 독서감상문을 써 주세요.

도서명				지은이	
출판사		출간일		독서기간	~

1. 책을 읽기 전에, 제목과 차례를 본 후 책의 내용을 스스로 상상해서 적어 보세요.

-
-
-
-
-

2. 책을 읽으면서, 책에 실려 있는 중요 어휘나 핵심 단어를 기록해 주세요.

◉	◉	◉	◉

3. 독서 개념지도 만들기 (마인드맵)
책을 읽은 후, 내용을 알 수 있게 정리된 간략한 생각지도를 그려 보세요.

4. 앞의 내용을 바탕으로 독서감상문을 써 주세요.

도서명				지은이	
출판사		출간일		독서기간	~

1. 책을 읽기 전에, 제목과 차례를 본 후 책의 내용을 스스로 상상해서 적어 보세요.

-
-
-
-
-
-

2. 책을 읽으면서, 책에 실려 있는 중요 어휘나 핵심 단어를 기록해 주세요.

◉	◉	◉	◉

3. 독서 개념지도 만들기 (마인드맵)
책을 읽은 후, 내용을 알 수 있게 정리된 간략한 생각지도를 그려 보세요.

4. 앞의 내용을 바탕으로 독서감상문을 써 주세요.

도서명		지은이	
출판사	출간일	독서기간	~

✏️ **1.** 책을 읽기 전에, 제목과 차례를 본 후 책의 내용을 스스로 상상해서 적어 보세요.

✏️ **2.** 책을 읽으면서, 책에 실려 있는 중요 어휘나 핵심 단어를 기록해 주세요.

◉	◉	◉	◉

✏️ **3.** 독서 개념지도 만들기 (마인드맵)
　　　책을 읽은 후, 내용을 알 수 있게 정리된 간략한 생각지도를 그려 보세요.

4. 앞의 내용을 바탕으로 독서감상문을 써 주세요.

도서명			지은이	
출판사		출간일	독서기간	~

1. 책을 읽기 전에, 제목과 차례를 본 후 책의 내용을 스스로 상상해서 적어 보세요.

-
-
-
-
-
-

2. 책을 읽으면서, 책에 실려 있는 중요 어휘나 핵심 단어를 기록해 주세요.

◉	◉	◉	◉

3. 독서 개념지도 만들기 (마인드맵)
책을 읽은 후, 내용을 알 수 있게 정리된 간략한 생각지도를 그려 보세요.

4. 앞의 내용을 바탕으로 독서감상문을 써 주세요.

도서명		지은이	
출판사		출간일		독서기간	~

1. 책을 읽기 전에, 제목과 차례를 본 후 책의 내용을 스스로 상상해서 적어 보세요.

-
-
-
-
-
-

2. 책을 읽으면서, 책에 실려 있는 중요 어휘나 핵심 단어를 기록해 주세요.

◉	◉	◉	◉

3. 독서 개념지도 만들기 (마인드맵)
책을 읽은 후, 내용을 알 수 있게 정리된 간략한 생각지도를 그려 보세요.

4. 앞의 내용을 바탕으로 독서감상문을 써 주세요.

도서명		지은이	
출판사	출간일	독서기간	~

1. 책을 읽기 전에, 제목과 차례를 본 후 책의 내용을 스스로 상상해서 적어 보세요.

2. 책을 읽으면서, 책에 실려 있는 중요 어휘나 핵심 단어를 기록해 주세요.

◉	◉	◉	◉

3. 독서 개념지도 만들기 (마인드맵)
책을 읽은 후, 내용을 알 수 있게 정리된 간략한 생각지도를 그려 보세요.

4. 앞의 내용을 바탕으로 독서감상문을 써 주세요.

도서명			지은이	
출판사		출간일	독서기간	~

✏️ **1. 책을 읽기 전에, 제목과 차례를 본 후 책의 내용을 스스로 상상해서 적어 보세요.**

✏️ **2. 책을 읽으면서, 책에 실려 있는 중요 어휘나 핵심 단어를 기록해 주세요.**

◉	◉	◉	◉

✏️ **3. 독서 개념지도 만들기 (마인드맵)**
　　　책을 읽은 후, 내용을 알 수 있게 정리된 간략한 생각지도를 그려 보세요.

4. 앞의 내용을 바탕으로 독서감상문을 써 주세요.

도서명		지은이	
출판사		출간일		독서기간	~

1. 책을 읽기 전에, 제목과 차례를 본 후 책의 내용을 스스로 상상해서 적어 보세요.

2. 책을 읽으면서, 책에 실려 있는 중요 어휘나 핵심 단어를 기록해 주세요.

3. 독서 개념지도 만들기 (마인드맵)
책을 읽은 후, 내용을 알 수 있게 정리된 간략한 생각지도를 그려 보세요.

4. 앞의 내용을 바탕으로 독서감상문을 써 주세요.

도서명			지은이	
출판사		출간일	독서기간	~

1. 책을 읽기 전에, 제목과 차례를 본 후 책의 내용을 스스로 상상해서 적어 보세요.

-
-
-
-
-
-

2. 책을 읽으면서, 책에 실려 있는 중요 어휘나 핵심 단어를 기록해 주세요.

●	●	●	●

3. 독서 개념지도 만들기 (마인드맵)
책을 읽은 후, 내용을 알 수 있게 정리된 간략한 생각지도를 그려 보세요.

4. 앞의 내용을 바탕으로 독서감상문을 써 주세요.

도서명		지은이	
출판사		출간일		독서기간	~

✏️ **1.** 책을 읽기 전에, 제목과 차례를 본 후 책의 내용을 스스로 상상해서 적어 보세요.

-
-
-
-
-
-

✏️ **2.** 책을 읽으면서, 책에 실려 있는 중요 어휘나 핵심 단어를 기록해 주세요.

◉	◉	◉	◉

✏️ **3.** 독서 개념지도 만들기 (마인드맵)
   책을 읽은 후, 내용을 알 수 있게 정리된 간략한 생각지도를 그려 보세요.

4. 앞의 내용을 바탕으로 독서감상문을 써 주세요.

도서명		지은이	
출판사		출간일		독서기간	~

1. 책을 읽기 전에, 제목과 차례를 본 후 책의 내용을 스스로 상상해서 적어 보세요.

2. 책을 읽으면서, 책에 실려 있는 중요 어휘나 핵심 단어를 기록해 주세요.

◉	◉	◉	◉

3. 독서 개념지도 만들기 (마인드맵)
　　책을 읽은 후, 내용을 알 수 있게 정리된 간략한 생각지도를 그려 보세요.

4. 앞의 내용을 바탕으로 독서감상문을 써 주세요.

도서명		지은이	
출판사		출간일		독서기간	~

1. 책을 읽기 전에, 제목과 차례를 본 후 책의 내용을 스스로 상상해서 적어 보세요.

-
-
-
-
-
-

2. 책을 읽으면서, 책에 실려 있는 중요 어휘나 핵심 단어를 기록해 주세요.

◉	◉	◉	◉

3. 독서 개념지도 만들기 (마인드맵)
　　책을 읽은 후, 내용을 알 수 있게 정리된 간략한 생각지도를 그려 보세요.

4. 앞의 내용을 바탕으로 독서감상문을 써 주세요.

도서명			지은이	
출판사		출간일	독서기간	~

✏️ **1.** 책을 읽기 전에, 제목과 차례를 본 후 책의 내용을 스스로 상상해서 적어 보세요.

✏️ **2.** 책을 읽으면서, 책에 실려 있는 중요 어휘나 핵심 단어를 기록해 주세요.

◉	◉	◉	◉

✏️ **3.** 독서 개념지도 만들기 (마인드맵)
　　　책을 읽은 후, 내용을 알 수 있게 정리된 간략한 생각지도를 그려 보세요.

4. 앞의 내용을 바탕으로 독서감상문을 써 주세요.

도서명		지은이	
출판사		출간일	독서기간	~

✏️ **1.** 책을 읽기 전에, 제목과 차례를 본 후 책의 내용을 스스로 상상해서 적어 보세요.

-
-
-
-
-
-

✏️ **2.** 책을 읽으면서, 책에 실려 있는 중요 어휘나 핵심 단어를 기록해 주세요.

◉	◉	◉	◉

✏️ **3.** 독서 개념지도 만들기 (마인드맵)
책을 읽은 후, 내용을 알 수 있게 정리된 간략한 생각지도를 그려 보세요.

4. 앞의 내용을 바탕으로 독서감상문을 써 주세요.

도서명		지은이	
출판사	출간일	독서기간	~

 1. 책을 읽기 전에, 제목과 차례를 본 후 책의 내용을 스스로 상상해서 적어 보세요.

 2. 책을 읽으면서, 책에 실려 있는 중요 어휘나 핵심 단어를 기록해 주세요.

◉	◉	◉	◉

3. 독서 개념지도 만들기 (마인드맵)
　　　책을 읽은 후, 내용을 알 수 있게 정리된 간략한 생각지도를 그려 보세요.

4. 앞의 내용을 바탕으로 독서감상문을 써 주세요.

도서명		지은이	
출판사		출간일		독서기간	~

1. 책을 읽기 전에, 제목과 차례를 본 후 책의 내용을 스스로 상상해서 적어 보세요.

2. 책을 읽으면서, 책에 실려 있는 중요 어휘나 핵심 단어를 기록해 주세요.

◉	◉	◉	◉

3. 독서 개념지도 만들기 (마인드맵)
책을 읽은 후, 내용을 알 수 있게 정리된 간략한 생각지도를 그려 보세요.

4. 앞의 내용을 바탕으로 독서감상문을 써 주세요.

도서명		지은이	
출판사		출간일	독서기간	~

1. 책을 읽기 전에, 제목과 차례를 본 후 책의 내용을 스스로 상상해서 적어 보세요.

2. 책을 읽으면서, 책에 실려 있는 중요 어휘나 핵심 단어를 기록해 주세요.

3. 독서 개념지도 만들기 (마인드맵)
책을 읽은 후, 내용을 알 수 있게 정리된 간략한 생각지도를 그려 보세요.

4. 앞의 내용을 바탕으로 독서감상문을 써 주세요.